청소년을 위한

너는 커서
이런
사장이 되라

너는 커서 이런 사장이 되라

지은이 | 박은태
발행인 | 박은태
발행처 | ㈜경연사
출판사 등록번호 | 제17-295호
주소 | 경기도 파주시 문발동 507-10번지
대표전화 | 031) 955 7654 팩스 | 031) 955 7655
이메일 | kipp0175@hanmail.net

기획 | ㈜경연사 편집 | 안제원
편집디자인 및 일러스트 | 서민지 joowagoi@naver.com

청소년을 위한

너는 커서 이런 사장이 되라

경연사

"나의 사랑하는 손자 손녀들에게....."

들어가면서

이 책을 저술 하게 된 동기는 자라나는 10대 청소년에게 기업 마인드를 갖게 하는데 있다. 특히 우리나라의 경제제도는 자본주의 시장경제이다. 세상에는 자본주의 제도와 사회주의 제도, 이 두 가지가 있다. 가령 커피숍에 가서 커피나 차를 선택할 때 한 가지를 주문하는 것과 같다.

대한민국은 경제제도 면에서 북한과 구별된다. 남한의 자본주의 제도와 북한의 사회주의 제도는 일상생활에서도 자연스럽게 비교된다. 자본주의와 사회주의의 차이는 무엇인가? 자본주의는 시장 경제 원리에 의해 개인의 자유와 창의를 존중하고 개인의 재산을 최대한 보장한다.

그리고 기업 이윤은 다각도로 사회에 기여한다. 첫째, 세금을 냄으로서 국가 재정에 이바지하고 둘째, 일자리를 만든다. 가장 큰 복지가 뭐냐고 한다면 좋은 시간에 좋은 보수를 받으며 일할 수 있는 일자리를 제공하는 것이다.

그밖에 도로 등 사회간접자본을 형성하고 교육, 문화, 자선사업을 통해 사회에 기여 하는 것이 자본주의의 기업윤리이다.

반면에 사회주의는 개인의 재산을 인정하지 않는다. 국가가 모든 경제 활동을 계획하고 배급제를 실시한다.

이 두 가지 제도를 놓고 볼 때 어느 것이 인간에게 보다 행복하고 바람직한 것이냐 하는 것이 일반인의 관심이다. 왜냐하면 사회주의의 종주국인 러시아와 중국이 그 제도를 폐지하고 시장경제로 전환했기 때문이다. 왜 그랬을까?

이런 관점에서 볼 때 자본주의도 단점이 있지만 사회주의 보다는 능률적이다. 우리는 자본주의 제도를 운영하기 때문에 경제주체가 국민, 기업, 정부이다.

노벨상 수상에 빛나는 경제학자 폴 사무엘슨(MIT)은 경제학의 목적은 첫째가 인플레이션을 막는 것이고, 둘째는 완전고용을 달성하는 것이라고 했다. 완전고용을 이루려면 누가 일자리를 만드는가? 정부도 물론 일자리를 만들지만 일할 사람의 5%정도를 만든다. 그럼 나머지 95%의 일자리는 누가 만들까? 그것은 기업이다.

그럼 일할 사람이 얼마냐 되느냐? 그 나라 인구의 50% 정도다. 일자리를 주로 만드는 것은 기업체인데 도대체 기업이 몇 개나 있어야 완전고용이 가능한 것인가를 생각해볼 수 있다. 데이비드 머처 교수(MIT)는 벤텀 펌(bantam firm: 소기업)이 미국의 2/3 고용을 흡수한다고 한다. 미국은 해마다 2백만 명의 신규인력이 발생하고 그중 대다수에게 이러한 중소기업이 일자리를 제공한다고 한다.

오늘날 주요 국가 정책으로 창조경제를 제시하고 있는데 이것은 창업을 유도한 정책이다. 영국이 1976년 IMF관리 하에 있을 때, 대처 여사가 정권을 잡고 창업을 유도하기 위해 Mini Management School(청소년을 위한 경영자 학교)를 만들었으며, 그가 재직했을 당시 28만개의 기업체를 새로 만들어 영국경제를 부흥시킨바 있다.

옛날에는 우리나라가 사농공상이라고 하여 상인을 낮추어 생각했지만 오늘날은 그렇지 않다. 이런 의미에서 자라나는 세대에게 기업 및 창업이 얼마나 이 사회에 도움이 되는 길인지 그리고 자본주의 사회에서 기업인이 얼마나 중요한 역할을 하는지를 알려줄 필요가 있다.

2013년 4월 23일
파주출판도시에서 박은태

차례

1장 헨리 포드

여러분이 매일 보는 자동차를 만든 사람이 누구인지 아시나요? 바로 헨리 포드(Henry Ford)입니다. 그는 세계적인 자동차를 만드는 포드 회사를 세운 사람으로 자동차 왕이라고 불리웠습니다.

1863년 미국에서 농부의 아들로 태어나 너무 가난해서 학교 교육도 받지 못한 그는 대신 어머니가 돌아가시기 전까지 어머니께 많은 교육을 받았습니다. 헨리는 자라면서 자주 어머니의 가르침을 인용하여 어머니가 원하는 방식대로 자신의 삶을 살려고 노력했습니다.

그가 열두 살이 되던 어느 늦은 밤, 어린헨리는 어머니의 병세가 위독해지자 말을 타고 수십 리 길을

달렸습니다. 천신만고 끝에 의사 선생님을 모셔 왔지만 어머니는 의사가 도착하기 바로 직전에 숨을 거두고 말았어요.

'조금만 빨리 의사 선생님을 모셔 왔어도....' 헨리는 어머니의 죽음이 자신의 탓인 것만 같아 가슴이 찢어지는 듯 했어요. '말보다 더 빠른 것을 타고 갔다면 어머니는 살지 않았을까?' 그런 생각이 들면서 어머니를 잃은 회한으로 고통스러웠던 그의 가슴엔 꿈이 싹트기 시작했답니다. '말보다 더 빠른 탈것을 만들고 싶다.'는 꿈이에요. 하지만 주변 사람들은 그를 비웃었지요. 터무니없는 황당한 꿈을 꾼다 하면서요.

 헨리포드는 어렸을 때부터 기계에 흥미를 보여 집에 있는 시계란 시계는 죄다 뜯어 놓곤 했는데, 고장이 난 시계를 만지작거리다 조금 자란 후에는 증기기관차를 보고 본격적으로 자동차에 눈을 뜨기 시작했어요. 15살 때부터는 1899년까지 디트로이트에 있는 에디슨 회사에서 기술 책임자로 일을 하고 1903년 동업자와 함께 자본금 10만 달러로 포드 자동차 회사를 설립하였습니다. 1908년에는 세계 최초의 양산 대중차 T형 포드의 제작을 개시하였고 그로부터 5년 뒤인 1913년엔 조립방식에 의한 양산체제인 포드 시스템을 확립하게 되었어요.

 포드사를 설립한 헨리 포드는 사람은 지식과 경험과 능력을 쌓는 것을 가장 중요하다고 생각했는데요. 그와 관련된 이런 일화들이 있습니다.

 전국 퀴즈프로그램에서 챔피언이 된 남자가 있었습니다. 그는 미국을 통틀어 가장 머리가 좋은 사람이라 불리웠어요. 한 라디오 프로그램에서 사회자가 대부호가 된 포드에게 "이 남자를 고용한다면 어느 정도의 급여를 줘야 할까요?" 라고 물었습니다. 포드는 조금 생각한 뒤에 25달러나 30달러라고 대답했어요. 그것은 모두의 생각보다 훨씬 낮은 임금이었습니다.

 사회자가 놀라서 그 까닭을 묻자, 포드는 이렇게 대답했어요. "많이 알고 머리도 좋은 사람이란 것은 확실합니다. 그러나 그가 알고 있는 것은 전부 백과사전에 나와 있는 사실들입니다. 그러므로 백과사전 가격과 비슷한 정도의 월급은 줄 수 있지만 그 이상은 줄 수 없습니다."

너는 커서 이런 사장이 되라

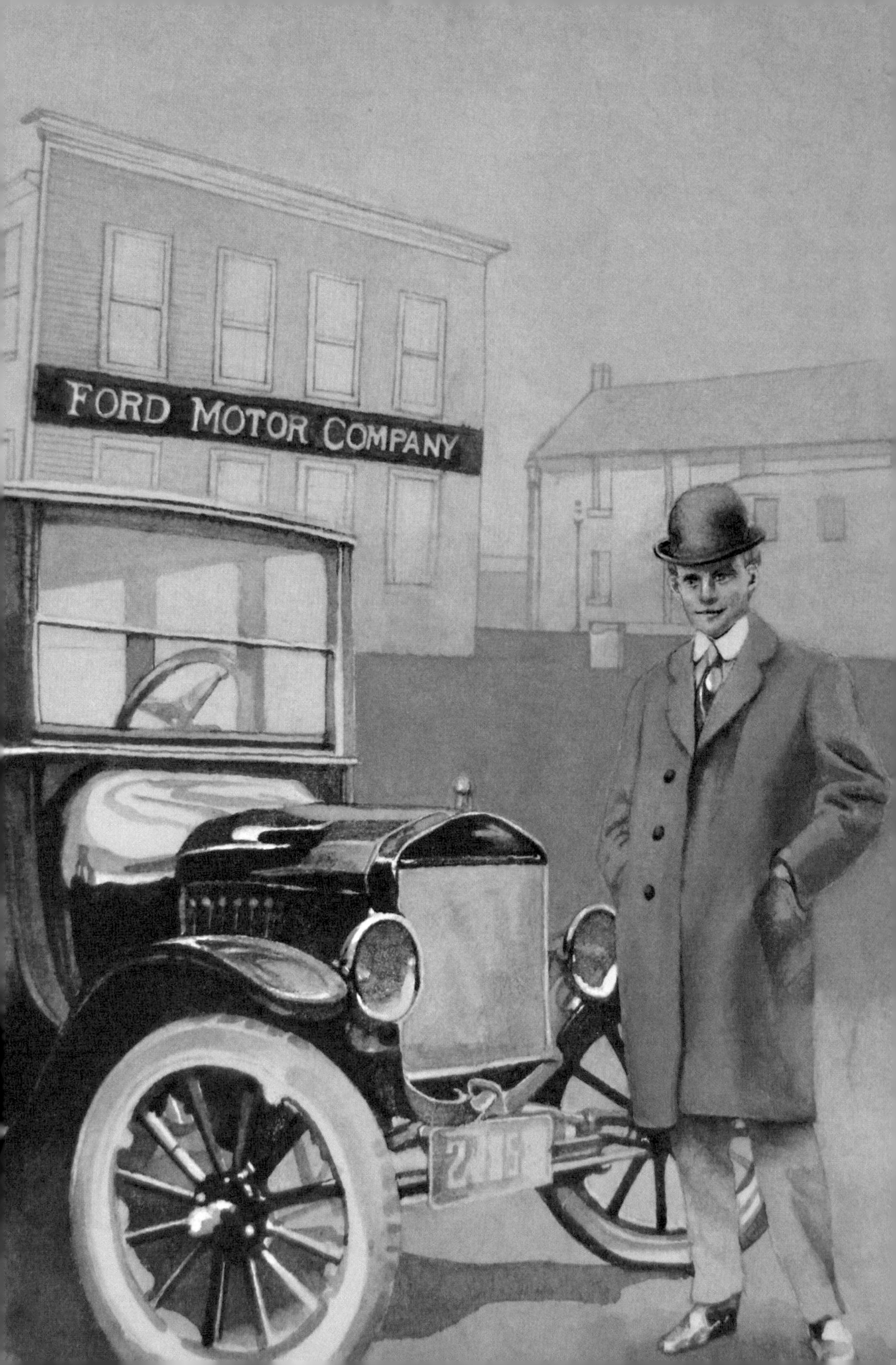
FORD MOTOR COMPANY

사회자가 다시 "그럼 어떤 사람이 높은 급여를 받습니까?"라고 물었어요. 그는 이렇게 대답했습니다."나보다 커다란 욕망을 가진 사람, 어떤 문제든지 척척 해결하는 능력을 가진 사람 그런 사람이라면 저보다 많은 임금을 지급할 수 있습니다."

또 다른 일화 입니다. 포드는 몸이 깡말라 보기에는 약골 같았지만 사실은 건강한 편이어서 아무리 추운 날에도 코트 없이 지낼 수 있었어요. 보다 못한 포드의 친구가 그에게 한 마디 했습니다.
"자네 꼴이 그게 뭔가? 많이 먹고 혈색이 돌아야 넉넉해 보이지 않겠는가? 그리고 제발 코트 좀 입고 다니게..." 친구의 말에 포드는 "충고는 고맙지만 나는 한 번도 병원에 간 일이 없네. 오히려 자네같은 비만이 더 위험해 보이는군. 자네 내 건강의 비결을 한번 볼 텐가?" 라고 했어요. 친구는 포드의 건강비결에 호기심이 생겨 그의 집까지 따라갔습니다. 그는 벽난로 위 표어를 보여주며 이것이 자신의 건강비결이라고 했습니다. 그 표어는 "스스로 장작을 패라 그러면 두 번 따뜻해진다." 였어요.

이러한 일화를 통해서 그는 지식이 많은 사람보다 지혜가 많은 사람, 이론보다는 산 경험이 많은 사람

그리고 그 무엇보다 열정이 많은 사람이 더 가치 있고 더 많은 일을 한다고 생각했음을 알 수 있어요.

그는 기꺼이 자신의 능력을 다른 사람을 위해 사용하기도 했습니다.

디트로이트 도시의 어느 겨울날 지역의 유명한 정비사가 출근하는 길에 자동차가 고장이 났어요. 정비사는 고장의 원인을 찾기 위해 차를 길옆에 세워놓고 열심히 들여다보고 있었습니다. 그는 원인을 발견하지 못했고 차는 시동이 걸리지 않았습니다. 날씨는 점점 추워져 어쩔 줄을 몰라 당황하고 있었을 때 지나가던 자동차 한 대가 멈추더니 노신사 한 분이 차에서 내려 "도와드릴까요?" 라고 말을 건넸습니다.

그 정비사는 속으로 '디트로이트에서 가장 유명한 정비사인 내가 못 고치는 차를 자기가 고치겠다니...'하고 생각하며 노신사를 보았어요. 노신사는 차의 몇 군데를 만지더니 시동을 걸어보라고 했습니다. 정비사는 별 기대감 없이 키를 돌리는 순간 시동이 쉽게 걸렸습니다. 그는 깜짝 놀랐어요.

'도대체 저 노신사는 누구인가? 나도 고칠 수 없었던 차를 손쉽게 고칠 수 있다니....' 궁금해 하고 있는 그에게 노신사는 명함 한 장을 주고 떠났습니다. 그 명함에는 "헨리 포드"라고 적혀 있었습니다.

이렇게 그는 스스로 나서서 다른 사람들을 도와주는 한 편 자신이 벌어들인 돈 역시 사람들을 위해 사용하였는데요.

포드는 1914년 1월1일 아침 임원회의를 소집했어요. 새해 첫날 임원회의는 뜻밖의 일이었습니다. 그래서 회의실에 모인 임원들은 모두 의아한 표정이었습니다.

그 때 포드는 중대 발표를 하였어요.
"근무 시간은 하루 8시간, 급료도 많이 올리도록 하겠소." 한 임원이 포드의 말을 받았습니다. "근무 시간 단축은 이해합니다. 하지만 우리 회사는 다른 회사보다 훨씬 많은 임금을 주고 있습니다."
포드는 이렇게 말했어요. "직원이 시간과 정력을 바쳐 일하기를 바란다면 돈 걱정 않고 살 만큼 임금을 줘야 합니다. 기업가라면 동종 업계 회사보다 더 많은 임금을 주겠다는 야심을 품어야 합니다. 이익

은 분배해야 합니다. 이익이 날 때까지 기다리라고 하는 건 허튼 짓이오."

임원들은 어쩔 수 없었습니다. 그들은 직원 한 명당 25센트씩 올려주자고 했습니다. 포드는 고개를 저었습니다. 25센트가 1달러, 2달러, 4달러까지 올라갔을 때, 회사의 한 임원이 이렇게 얘기 했습니다.

"사장, 어쩔 셈이오? 하루에 5달러씩 주고 회사 문을 닫자는 얘긴가요?"

포드는 빙긋 웃었습니다. "5달러? 그게 좋겠군. 그럼 5달러로 합시다." 이 말에 임원들은 모두 입을 다물지 못했습니다. 포드는 이렇게 강조했습니다. "고임금을 주면 그 돈이 소비돼 가게 주인, 유통업자, 제조업자, 노동자들을 더 부유하게 만듭니다. 그들의 부는 우리의 판매 실적에도 영향을 미칠 것입니다. 모두가 고임금을 받으면 전 국민이 부유해질 수 있을 거예요. 물론 고임금은 높은 생산 실적에 따라 주어야 하겠지요."

곧이어 포드는 일당 5달러를 최저 임금으로 정했

습니다. 최저 임금이 두 배 가까이 올랐습니다. 동시에 하루 9시간 2부제였던 근무시간을 하루 8시간 3부제로 바꿨습니다.

그는 포드사에 장애인 일자리도 마련했습니다. 이를 위해 포드는 회사에서 하고 있는 작업을 분석했어요. 조사결과 7,882가지 작업이 있었습니다. 이 중 949개는 신체적으로 건강한 사람이 해야 하는 힘든 노동으로 분류됐고 3,338개는 보통 수준의 건강 상태와 힘을 지닌 사람이 할 수 있는 일이었습니다. 나머지 3,595개는 힘이 없는 사람이라도 할 수 있는 일이었어요. 포드는 힘이 필요하지 않는 곳에는 신체가 불편한 노동자를 취업시켰습니다. 당시 922명의 장애인 근로자가 근무를 했어요. 포드는 이렇게 대외적인 기부보다 자신의 공장 직원을 위한 분배에 관심을 쏟았습니다.

나아가 1936년에는 개인 재산을 털어 포드재단을 설립했습니다. 자산이 10조 원가량이며 연간 5천억 원 가량을 기부했어요. 기부 대상은 민주주의적 가치 증진, 지역공동체 발전, 교육, 미디어, 문화예술, 인권 관련 활동 등이었죠. 세상을 변화시키려는 지적 실험에 주로 기부했던 것입니다. 예를 들어 포드재단은 1960년대에 미국의 공영방송 <피비에스>(PBS)가 출범하는 데 중요한 기여를 했어요. 또한 1970년대에는 세계 최초 마이크로크레디트 기관인 방글라데시 그라민 은행 설립을 지원하기도했습니다. 가난한 이들에게 신용대출을 해주는 이 기관을 설립한 무함마드 유누스 총재는 이후 노벨평화상을 받았습니다.

나에게 도움이되는 memo

2장 마쯔시다

"First they ignore you, then they ridicule you,
then they fight you, and then you win."
"처음에 그들은 당신을 무시할 것이고, 그 다음에는
조롱할 것이고, 그 다음에는 싸우려 들 것이고,
그 다음에는 당신이 승리할 것이다."
-간디-

일본의 세계적인 부호이자 사업가, '내쇼날' 상표의 창업자 파나소닉 마쯔시다 회장은 94세에 운명할 때 까지 산하 570개 기업에 종업원 13만 명을 거느린 대기업의 총수 자리에 있었는데, 사실 그는 아버지의 파산으로 초등학교 4학년을 중퇴하고 자전거 점포의 점원이 되어 밤이면 어머니가 그리워 눈물을 흘리던 울보였습니다.

85년이 지난 후 일본 굴지의 기업의 총수가 된 그에게 어느 날 한 직원이 그에게 물었습니다. "회장님은 어떻게 하여 이처럼 큰 성공을 하셨습니까?"

회장은 자신이 세 가지 하늘의 큰 은혜를 입고 태어났다고 대답했습니다. 그 세 가지 큰 은혜란

1. 가난한 것
2. 허약한 것,
3. 못 배운 것이었다고 합니다.

　그 소리를 듣고 깜짝 놀란 직원이 "이 세상의 불행을 모두 갖고 태어나셨는데도 오히려 하늘의 은혜라고 하시니 이해할 수 없습니다." 라고 말하자, 마쯔시다 회장이 이렇게 대답했답니다. "나는 가난 속에서 태어났기 때문에 부지런히 일하지 않고서는 잘 살 수 없다는 진리를 깨달았다네. 또 약하게 태어난 덕분에 건강의 소중함도 일찍이 깨달아 몸을 아끼고 건강에 힘써 지금 90살이 넘었어도 30대의 건강으로 겨울철 냉수마찰을 한다네. 또 초등학교 4학년을 중퇴했기 때문에 항상 이 세상 모든 사람을 나의 스승으로 받들어 배우는데 노력하여 많은 지식과 상식을 얻었다네. 이러한 불행한 환경이 나를 이만큼 성장시켜주기 위해 하늘이 준 시련이라 생각되어 감사하고 있다네."

　내쇼날의 마쯔시다 회장은 자신에게 주어진 불행과 시련을 오히려 하늘이 준 은혜로 생각하고 열심히 자기를 훈련하고 노력하여 누구보다 값지고 훌

륭한 성공을 거두었던 것입니다.

그가 네 살 때, 그의 아버지는 쌀 경매에서 크게 손해를 보면서 1715년부터 40여대를 걸쳐 전해 내려오던 구가 전래의 전답, 대지 등 모든 자산을 잃어버렸습니다. 그래서 가재를 정리하고 남은 약간의 돈으로 그의 가족은 시내로 이전하여 그의 아버지가 게다 집 (게다 : 일본 전통 나무 신발인 나막신) 을 시작하지만 이 게다집도 1년 만에 문을 닫게 되었습니다.

또한 그의 형제들은 병으로 인해 일찍 죽었습니다. 그가 말하길, "형은 돌봐주는 사람이 있어 바로 창립한 방직공장의 사무원이 되었는데 감기가 악화되어 3개월 만에 덧없이 세상을 떠났습니다. 같은 해 둘째 형과 큰누나도 뒤이어 병으로 죽었지요. 지금 생각하면 유행성 독감 같은 병에 걸린 것이라고 생각됩니다." 형제들 중에서 20세를 넘긴 사람은 마쓰시다와 바로 위의 누나뿐이었습니다.

그 후 1904년 11월 23일, 마쯔시다가 진죠오 초등학교 4학년을 수료하기 전 아버지가 오오사까에서 학교 사무원으로 있었는데 일할 곳이 있다고 그

너는 커서 이런 사장이 되라

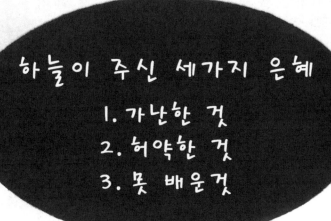

를 불렀어요. 당시 마쯔시다는 4일 후면 만 10세가 되는 때였어요. 오오사까 역까지의 기차표를 손에 쥐고 낭까이 전철에 오르는 순간, 소년 마쓰시다의 상인으로서의 길이 숙명적으로 열린 것이었습니다.

　여기서 한 가지 유명한 일화가 있는데 그것은 '담배값 수수료' 이야기입니다. 고다이 자전거점' 에서 자전거를 수선하는 동안, 그는 손님으로부터 "담배 사 와라" 는 주문을 받았습니다. 지금과는 달리 자동판매기도 없고 담배 가게도 얼마 없었었어요. 그래서 어린 마쯔시다는 기름 묻은 손을 닦고 500m 떨어진 담배 가게까지 갔다 와야 했습니다. 게다가 이런'주문'이 의외로 많았기 때문에 그때마다 하던 일을 멈추고 뛰어 갔다 오는 것은 피곤한 일이었어요. 그래서 자신의 돈으로 20갑들이 한 보루를 구입하여 뛰어가는 수고도 덜고 일을 멈추지 않고 끝내는 효율을 생각해내었습니다. 그런데 마쯔시다는 '한 갑은 덤'으로 한 보루에 한 갑을 추가하여 20갑의 가격에 21갑을 살 수 있다는 것을 알게되었어요 담배는 한 달에 두, 세 보루가 팔렸어요. 급료가 50전, 1엔의 시대에 담배 값 수수료는 한 달에 20~30전이나 되었습니다. 일거삼득이었습니다. 그렇지만 이 이야기의 교훈은 일거삼

득이 아닌 '덤' 에 있습니다.

마쯔시다는 주인으로부터 "손님들이 좋아하는
것도 좋고, 요시기찌(당시 마쓰시다)네 형편이 나
아지는 것도 좋다. 그렇지만 주위사람들로부터 말
이 많다. 손님도 중요하지만 점포내 사람들과 잘 지
내는 것이 더욱 중요해. 그러니까 이제부터 그만
둬" 라고 주의를 받았습니다. 이때 그의 나이 11살
이었지요. 그는 주인으로부터의 주의를 받은 것에
대해 그가 말하길, "사람과 사람 사이에 관계는 어
려운 것이라는 것을 절실히 느꼈습니다. 그때 담배
로 번 돈 일부를 모두에게 대접했더라면 불평은 없
었을지도 모른다고 나중에야 생각했지만 아직 어린
아이였으니까요. 체험을 통해서 이익의 환원 분재
가 필요하다는 것을 깨달았습니다."

그는 이익의 추구에 따른 인간의 심리, 오늘날의
회사 경영에서도 영원한 테마가 되는 이 문제를 11
세 때 몸으로 체험하여 '이익은 다시 분배하지 않으
면 안 된다.'는 것을 깨달았습니다.

또한 그는 장사를 어떻게 해야 하는지에 대해서
도 일찍 깨달았어요. 그로부터 2년 정도 지나 자신

이 자전거 한 대를 판 적이 있어요. 산 사람은 혼마찌 잇쵸메에 있었던 모기장 도매상인 데쯔가와였습니다. "1할 깍아드리지요" 하고 흥정을 마친 마쓰시다는 주인에게 의기양양하게 보고했어요. 하지만 "5% 할인한다는 이야기는 있어도 장사꾼이 1할이나 깎는 경우는 어디에도 없다. 다시 한 번 더 다녀와" 라는 소리를 듣게 되었습니다. 마쓰시다는 주인과 손님 사이에서 오지도 가지도 못하고 그냥 거기서 울어버렸어요. 이럭저럭하는 사이에 데쯔가와의 지배인이 왔어요. 주인은 그 지배인에게, "실은 1할이나 깎아줬다고 화를 내고 있는 중이었습니다. 그런데 어떻게 해서든 깎아달라고 저렇게 우는 것입니다. 도대체 네가 데쯔가와의 사환인지 우리 사환인지 어느 쪽이냐고 나무라고 있는 중입니다." 지배인이 바로 데쯔가와 주인에게 이런 사정을 정하자, 데쯔가와는 "알았다. 5% 할인으로 사지" 라고 흔쾌히 애기했습니다. 마쯔시다는 겸연쩍어하며 주문한 자전거를 배달해주었어요. 그러자 데쯔가와는 "네가 고다이 가게에 있는 한 자전거는 고다이에서 사지. 열심히 일해." 라고 말했습니다. 마쯔시다는 아직도 그 말을 잊을 수 없다고 했습니다.

너는 커서 이런 사장이 되라

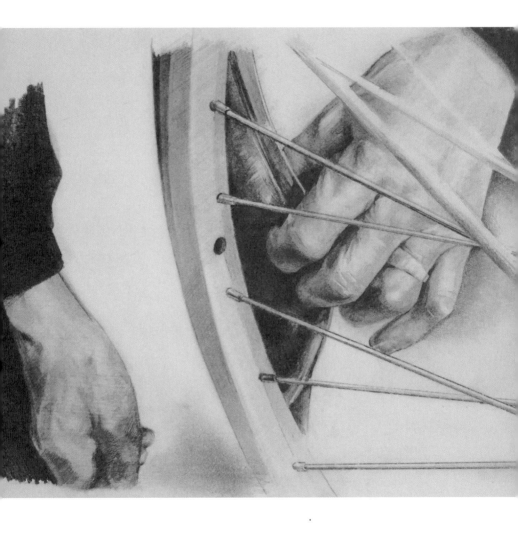

그때의 기억을 통해서 그는, "장사는 가격만이 전부는 아닙니다. 성의가 있어야 합니다. 사람의 마음을 감동시키는 성의가 없다면 장사를 할 수 없습니다. 사환으로 있으면서 그러한 교훈들을 자연히 터득해 왔습니다." 라고 말했습니다.

그는 1979년에 자신의 개인재산 70억 엔과 마쓰시다 관련 기업들이 50억 엔을 투자해 마쓰시다정경숙(The Matsushita Institute of Government and Management)을 세웠습니다. 그는 나라의 발전과 번영을 위해서 존경받는 정치지도자가 많아야 한다고 생각했기 때문에 젊은 정치 리더를 키울 목적으로 이 기관을 설립하였습니다. 2012년 현재 일본 정권에 이곳 출신 정치가들이 많이 진출하였는데 지금 일본의 노다 총리 역시 이 기관 출신입니다.

너는 커서 이런 사장이 되라

나에게 도움이되는 memo

3장 정주영

　여러분이 잘 알고 있는 현대그룹을 세우신 분이 누군지 아시나요? 바로 정주영회장입니다. 정주영 회장은 1915년 11월 25일 강원도에서 태어났습니다. 그가 송전소학교에 들어가면서 그의 아버지는 그에게 아버님 대를 이을 '일등 농사꾼 훈련'을 시키셨어요. 방학이나 일요일은 물론 새벽부터 밤 늦도록 농사일을 배우며 도와야했고, 학교 공부가 끝난 방과 후에도 거의 자유 시간이 없었습니다.

　고된 농사일 틈틈이 그는 이렇게 생각했습니다. '평생 허리 한번 제대로 못 펴고 죽도록 일해도 배불리 밥 한번 못 먹는 농부로, 그냥 그렇게 내 아버지처럼 고생만 하다가 내 일생이 끝나야 한다는 건가.' 그래서 그는 도시로 나가고 싶었습니다. 아버지의 일생을 그대로 되풀이하면서 늙어 죽고 싶지는 않았기 때문이에요. 그는 고향만 떠나면 뭔가 더 나은 일거리와 생활이 있을 것으로 생각했습니다.

결국 그는 세 번의 가출을 했습니다. 첫 번째는 17살이 되던 해 함경남도 고원이라는 곳으로 갔는데 정주영은 거기서 철도공사판의 노동자로 일했습니다. 하지만 얼마뒤 그를 찾아낸 아버지가 장손이 빠져나가면 안 된다고 간곡히 사정하여 고향으로 다시 돌아왔습니다. 그러나 그는 그 다음해 4월 다시 가출했어요. 하지만 중간에 사기를 당해서 빈털터리가 되어 작은 할아버지 집으로 갔는데 거기서 다시 집으로 돌아가게 되었습니다. 세 번째 가출은 집에 있는 소를 팔아서 70원을 가지고 서울로 올라가게 됩니다. 서울에서 부기학원을 다닐 목적으로 올라가 학원에서 숙식하며 부기공부를 했고, 수업 후에는 기숙사에 가서 죽어라고 책을 읽었다고 합니다. 하지만 2개월 후 아버지가 찾아오셔서 다시 집으로 돌아가게 되었습니다.

그는 고향에 다시 돌아온 후 농사일에 매달리지만 흉년으로 어려워지자 다시 서울로 갈 생각만하다가 결국 서울로 가게 되었어요. 거기서 인천부두에 일이 많다는 소식을 듣고 가서 막노동을 시작 했습니다.

여기서 하나의 일화가 있습니다. 그 곳의 노동자 합숙소는 그야말로 빈대의 집합소였어요. 매일 밤마다 빈대에게 시달리던 정주영은 어느 날 꾀를 써서 밥상 위에 올라가 잤는데, 잠시 뜸해지던가 했더니 이내 빈대가 밥상 다리로 기어 올라와 물어뜯기 시작했습니다. 정주영은 다시 머리를 써서 밥상 다리 네 개를 물 담은 양재기 넷에 하나씩 담가놓고 잤어요. 빈대가 밥상다리를 타려다 양재기 물에 떨어져 익사하게 하려는 꾀였어요. 그런데 더 놀라운 것은 정주영이 아닌 빈대들이었어요. 빈대들은 사람을 물기 위해 벽을 타고 천장으로 올라간 다음, 사람을 목표로 뚝 떨어져 빈대의 목적을 달성했어요.

그때 그는 하찮은 빈대도 물이 담긴 양재기라는 장애를 뛰어넘으려 그토록 전심전력으로 노력하는데 만물의 영장인 인간이 최선을 다하면 무엇을 못하겠냐는 교훈을 얻었습니다.

그렇게 그는 여러 가지 일을 하다가 복흥상회라는

쌀 도매상에 배달원으로 일하게 되었어요. 거기서 그는 매일 아침 일찍 일어나서 가게를 청소하고 배달이 없을 때면 쌀 창고를 정리하며, 부기 학원에서 배운 부기를 이용하여 복식부기로 장부 정리도 했어요. 이렇게 열심히 일을 하자 2년 만에 주인으로부터 쌀가게를 인수할 생각이 없냐는 제의를 받았습니다. 그래서 1938년 1월 그의 나이 스물넷, 고향을 떠난 지 4년 만에 '경일상회'라는 쌀가게를 차렸어요.

이후 그는 엔진기술자인 이을학씨와 공장 잡역부인 김명현씨를 만났어요. 그들은 함께 아현동 고개에 있던 '아도서비스'라는 자동차 수리 공장을 인수해서 사업을 시작했지만, 일본 제국주의자들이 태평양 전쟁을 일으키면서 아도서비스는 종로의 일진공작소와 강제 합병되었어요. 그래서 그는 그 회사에서 나와 징용을 면제받기 위해 군수 광산에서 일하다 해방되기 전에 그 광산을 관두었어요.

해방 후 일 년 뒤 그는 중구 초동에 다시 자동차 수리 공장인 '현대 자동차 공업사'를 세웠어요. 처음에는 미군 병기창에 가서 엔진을 바꿔 단다든가 하는 일을 청부받아 하다가, 1년쯤 뒤부터는 낡

너는 커서 이런 사장이 되라

아빠진 일제 고물차를 용도에 따라 개조하는 일을 했습니다.

그러다 건설업자들이 공사비를 받아가는 것을 보았는데 정주영은 자기가 받는 수금액은 한 번에 고작해야 3,40만 원 정도인데 건설업자들은 한 번에 1천만 원 씩 받아가고 있었어요. 그래서 그는 기왕이면 많은 돈을 받아내는 일을 해야겠다는 생각이 들었습니다.

그는 이런 생각을 했어요. '어떤 일을 시작하든 반드시 된다는 확신 90%에 되게 할 수 있다는 자신감 10%로 완벽한 100%를 채우지, 안 될 수도 있다는 회의와 불안은 단 1%로 끼워 넣지 않는다.'

그래서 주변사람들의 반대에도 불구하고 그는 초동 '현대자동차공업사' 건물에 '현대토건사' 간판을 달았어요. 이것이 바로 1947년 5월 25일 '현대건설'의 출발이에요. 현대건설을 경영하며 고령교 공사를 크게 실패한 후 이렇게 말했다고 해요. "나는 지금도 고령교 공사의 시련을 운 탓으로 돌리지 않는다. 공사를 따는 것에만 집착했지 다른 면에 대해서 치밀하게 계산하고 예측하고 대비하는 것에 게을렀기 때문이다. 나는 그대로 망할 생각은

추호도 없었다. 확실히 내가 부족하고 미숙하고 몰랐던 탓이었다. 모든 것이 내 탓이었다. 비싼 수업료를 내고 공부한 셈 치자고 생각했다. 그렇게 마음을 다스리니 상황만큼 절망스럽지는 않았다. 오히려 담담한 편이었다."

그는 이러한 실패를 발판으로 삼아 해외 건설에 앞장섰는데요. 1966년 1월에는 월남 캄란 만 준설 공사를 수주해서 3월부터 시작했고, 5월에는 반오이 주택 도시 건설에도 착공했어요. 그리고 태국의 고속도로 공사도 하게 되었습니다. 이 공사들은 국내 고속도로 건설과 항만 준설에서 '현대건설'이 지도적인 역할을 담당할 수 있었고, 특히 월남에서의 준설 공사 경험은, 1970년대 중반, '현대'가 중동에 진출해 대규모의 준설업자로 성장, 발전하게 한 바탕이 되었다고 할 수 있어요.

그는 이렇게 모험이 없으면 큰 발전도 없다고 생각했습니다. 또한 세상일에는 공짜로 얻어지는 성과란 절대로 없으며, 보다 큰 발전을 희망한 모험에는 또 그만큼의 대가도 치러야 한다고 생각했어요.

그래서 경부고속도로는 2/5를 '현대건설'이 시

공했고, 나머지는 15개 국내 건설업체와 육군 건설 공병단 3개 대대가 참여해 완성되었어요. 그는 시간만 나면 본사 회의실 탁자에 1/5,000 지도를 붙여놓고 어떻게 적은 돈으로 최대한 직선의 노선을 만들 수 있는지를 연구했습니다.

이렇게 그는 시간은 지나가버리면 그만, 잡을 수도 되돌릴 수도 없는 것이라며. 적당주의로 각자 자신에게 허락된 시간을 귀중한 줄 모른 채 헛되이 낭비하는 것보다 멍청한 짓은 없다고 이야기합니다. 주어진 시간을 적당히 낭비하지 않고 열심히 노력하는 삶을 산다면, 누구나 나름대로의 분야에서 나름대로의 성과를 거두면서 발전할 수 있다고 믿었으며 그러한 삶이 성공적인 삶인 것이라고 했어요. 또한 그는 기업이란 냉정한 현실이고, 행동함으로써 이루고 키워 나가는 것이라고 해요. 똑똑한 머리만이 아니라 몸소 행동해야 한다고 했어요.

이러한 그의 확고한 주관은 1972년 3월 조선소 기공식에서 여실히 들어났습니다. 조선소분야에 전혀 경험이 없었음에도 불구하고 최단 기간인 2년 3개월 만에 조선소를 건설하면서 동시에 유조선 2척을 건조해서 세계 조선사에 업적을 남겼습니다.

그리고 1차 공사를 진행하는 도중에 시작한 확장 공사로 '현대조선'은 1975년, 최대 선 건조 능력 1백만t, 부지 1백50만평, 드라이 도크 3기 2백40만t 시설 능력을 갖춘 세계 최대의 조선소가 되었습니다. 정주영은 세계 조선사에 기록을 남기면서 이렇게 빠른 시일 안에 조선소를 만들 수 있었던 것을 5천년 문화 민족인 우리의 잠재력 발휘와 저력의 총화가 만든 결과라고 믿었어요. 또한 인간의 정신력이라는 것은 계량할 수가 없는 무한한 힘을 가진 것이며, 모든 일의 성패, 즉 국가의 흥망이 결국은 그 집단을 이루는 사람들의 정신력에 의해 좌우된다는 것을 조선소를 지으면서 느끼고 배웠다고 합니다.

1980년대 초 정주영은 바다를 메워 옥토를 만드는 대규모 간척사업에 착수했어요. 서산 앞바다는 조수간만의 차가 워낙 커 20만 톤 이상의 돌을 구입해 매립해야만 물막이가 가능한 곳이었습니다. 정주영은 간척지 최종 물막이 공사는 인력으로는 감당하기 어려운 공사이며, 설사 인력으로 해결이 된다고 해도 그 엄청난 비용이 문제라는 것을 알고 "밀물과 썰물시의 빠른 물살을 막기 위해서는 폐유조선을 침하시켜 물줄기를 차단 내지 감속시킨 다

음 일시에 토사를 대량 투하하면 제방과 제방사이를 막을 수 있을 것이다." 라고 현대의 간부진들에게 제안했어요. 현대의 기술진들이 유조선 공법에 대한 실행 가능성을 면밀히 분석한 후 성공가능성이 높다고 판단되자 정주영은 1984년 2월 24일 직접 유조선에 올라 최종물막이 공사를 진두지휘했어요. 그래서 성공한 이 '유조선공법'을 일명 정주영공법이라고 알려져 있습니다.

이 공법 덕분에 현대건설은 계획공기 45개월을 35개월이나 단축, 9개월 만에 완공시킴으로써 총공사비를 2백80억 원이나 절감해 세상 사람들을 깜짝 놀라게 했지요. 또한 '유조선공법'은 그 후 미국의 『뉴스위크』지와 『뉴욕타임즈』지에 소개되었고, 런던 템즈 강 하류 방조제 공사를 수행한 세계적 철 구조물 회사인 랜달팔머 & 트리튼 회사에서 유조선 공법에 대한 문의를 해오는 등 전 세계적인 관심을 불러일으켰어요.

이렇게 정주영 공법이라 불리는 기발한 방법으로 얻어진 서간간척지는 서울 여의도 면적의 33배에 달하는 3,100만평의 국토로 추가되었으며, 제염작업을 거쳐 지난 87년 처음으로 벼를 심었고 지금은 연간 50만 섬 가까운 쌀을 얻는 '식량의 보고'가 되고 있어요. 이처럼 그는 발명에도 소질이 있어서 재치 있는 아이디어로 자신의 사업을 성공적으로 꾸려가는 사람이었어요.

더 나아가 그는 '현대건설'의 성장 과정에 기여한 근로자들의 노고도 잊지 않았어요. '현대건설'의 사회 환원은 외롭고 가난하고 소외된 이들에게 돌려주고 싶었기 때문에 그는 '현대건설'의 개인 주식 50%를 내놓아 '아산사회복지사업재단'설립했고, 매년 약 50억 원의 배당 이익금으로 사회 복지 사업을 하도록 했어요. 아산재단은 현대적 의료시설이 열악했던 정읍, 보성, 강릉 등 농어촌지역을 비롯해 전국에 8개의 대규모 종합병원을 건립해서 의료혜택을 제공하고 있어요. 또한 경제적인 어려움으로 제대로 된 진료를 받지 못하고 있는 국민들을 대상으로 무료진료 사업을 펼쳐오고 있습니다. 아울러 노인복지시설, 아동복지시설, 장애인복지시설 등 각종 사회복지단체를 지원하는 사회복지 지원 사업, 학문연구를 장려하기 위한 학술연구 지원 사업, 우수한 인재 양성과 불우 청소년들을 돕는 장학사업 등 국민 모두의 삶의 질을 향상시키는 다양한 사업들을 전개하고 있습니다.

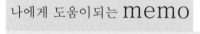

나에게 도움이되는 memo

너는 커서 이런 사장이 되라

4장 카네기

"부자인 채로 죽는 것은 정말 부끄러운 일이다."

-카네기-

앤드루 카네기를 아세요? 그는 '세계 최고의 기업가', '가장 많은 재산을 기부한 최고의 기부가'라는 평가를 받는 기업이었던 사람입니다.

그는 1835년에 스코틀랜드에서 수직공(手織工)의 아들로 태어나 가난했기 때문에 마을 학교에 다닌 것 이외에는 변변한 교육도 받지 못했다고 해요. 하지만, 그는 어릴 때부터 말을 아주 잘하고 사람을 부릴 줄 아는 재능이 있었습니다.

당시 그의 집에서 토끼를 키웠는데 먹이를 구해다 주는 일은 결코 쉬운 일이 아니었어요. 그래서 그가 꾀를 내었던 것이 친구들에게 클로버를 따다 주면 새끼토끼에게 그 친구의 이름을 붙여주겠다고 한 것이에요. 많은 친구들이 학교에 가지 않는 날이면 하루 종일 토끼를 위해 클로버를 땄어요. 카네기는 이 일을 두고 뒷날 이렇게 이야기 했어요. "나는 이 일을 귀중한 추억으로 여기고 있다. 내가 사물을 아주 잘 이해하고 있어서가 아니라 나보다 사물에 대해 더 잘 알고 있는 상대를 발견하는 재능 때문에 나에게 성공이 있었다."

이런 일도 있었습니다. 한 번은 어머니와 함께 시장에 갔는데 그는 끝없이 늘어선 의복과 생필품 상점들 한 구석에 빨간 체리가 큰 바구니에 수북히 쌓여 있는 것을 주시했어요. 그는 그 체리가 먹고 싶었지만 가난 때문에 어머니께 체리를 사달라는 말을 할 수가 없었습니다. 그러나 너무 먹고 싶었기에 그 자리에서 계속 체리만 쳐다봤어요.

그런 카네기를 본 체리 파는 할아버지는 이렇게 말했습니다. "애야, 너 그렇게 체리가 먹고 싶니? 그럼 한 움큼 집어가거라" 어린 카네기는 얼마나 신이 났을까요? 그런데 카네기는 얼른 손으로 체리를 집어 들지 않았어요. 그리고는 입맛을 다시며 계속 쳐다만 보고 있었습니다. 할아버지가 또 다시 말했습니다. "애야, 망설이지 말고 가져 갈 만큼 한 움큼 가져가래도.” 그래도 카네기는 가만히 보고만 있었어요. 할아버지는 보다 못해 “어이구 순진한 놈” 하면서 큰손으로 체리를 집어서 어린 카네기에게 주었습니다. 그때서야 어린 카네기는 자기의 작은 손으로도 다 받지 못해서 옷을 벌려서 체리를 받아 가지고 집에 왔어요.

어머니는 물었습니다. “애, 카네기야. 너 왜 할아버지가 체리를 가져가라고 할 때 안 가져가고, 할아버지가 집어 주니까 받았던 거니?” 어린 카네기는 대답했어요.

“엄마, 내 손은 작지만 할아버지 손은 크잖아요.”

그는 이렇게 어린 나이에도 ‘필요한 욕심'과 ‘멋있는 욕심’ 을 구분해서 부릴 줄 알았던 것이에요.

카네기는 1848년 가족과 함께 미국으로 이민을 했어요. 미국에 도착하자마자 그는 면직물 공장에 들어가 일을 하게 되었습니다. 고작 열네 살이었지만 그는 열심히 일했어요. 그때 당시 가난한 집의 어린이들은 어른들보다 형편없는 대우를 받으며 공장에서 일하기 일쑤였어요. 카네기는 거의 걸레처

너는 커서 이런 사장이 되라

럼 보이는 누더기 옷을 입고 면직물 공장에서 일을 했어요. 하지만, 얼마 후 공장 일을 그만두어야 하는 일이 발생합니다.

보비라는 아이는 카네기의 또래였는데, 그 공장에서 말썽꾸러기 직공이었습니다. 어느 날 그는 만만해 보이는 카네기에게 싸움을 걸었습니다. 그러나 싸움은 카네기의 승리로 끝나고 둘은 친구가 되었어요. 그런데 어느 날 평소 보비에게 불만이 많았던 공장장이 보비를 해고시켰어요. 해고당한 보비는 홧김에 카네기가 없는 사이에 그의 집에서 통장을 훔쳤습니다. 하지만, 카네기는 친구를 다그치지 않고 오히려 그가 공장에서 다시 일할 수 있도록 주선해 보겠다고 약속했어요. 그리고 카네기는 약속대로 공장장을 찾아가 보비가 다시 일하게 해 달라고 사정했습니다. 하지만, 공장장은 끝내 복직을 허락하지 않았어요. 보비와의 약속에 대해 말하면서 보비를 복직시키지 않으면 자신도 그만두겠다고 하자 공장장은 그럼 당장 나가라고 말했습니다.

그 길로 카네기는 공장을 그만두었어요. 보비는 카네기의 이런 모습에 감동하여 이후 평생 카네기의 사업에 조력자 역할을 했습니다. 이 때가 바로 카네기가 열네 살 때 일이었어요.

 그 이후 그는 증기 기관차의 화부로 일을 시작했어요. 후덥지근한 기관실에서 하루 종일 석탄을 퍼넣는 일이었어요. 어린 나이에도 1년이 넘는 기간 이 일을 묵묵히 하는 모습을 지켜본 회사 사장은 카네기를 회계과 보조원으로 승진시켰어요. 카네기는 나중에 이 일을 자기 인생의 출발이자 어두운 기관실에 비하면 하늘로 자리를 옮긴 것과도 같았다고 말했어요.

 그는 회계보조원으로 일하면서 틈틈이 신문과 잡지를 읽었어요. 카네기는 많은 책을 접하면서 조금 더 배우고 싶다는 욕심이 들었지만, 회계보조원 일을 하다 보니 도무지 읽고 싶은 책을 볼 시간이 나지 않았습니다.그래서 그는 그 일을 그만두고 전신 배달부 일을 시작했어요. 이 일은 쉴 새 없이 바쁜 것은 아니었기 때문에 짬짬이 책을 볼 수 있지요.

 그는 전신 업무를 더 잘 해내기 위해 전신에 관한 책을 보기 시작했는데 그 회사의 소장 앤더슨이 카네기의 열의에 호감을 느껴 자기 도서실에서 책을 마음껏 볼 수 있도록 배려했대요. 이렇게 함으로 그

는 열일곱 살에 전신기사에 버금가는 전신지식을
쌓게 되요.

 어느 날 전신기사가 없는 사이에 급한 전신이 도
착했을 때 카네기는 그동안 배운 기술로 차분하게
전신을 받아 놓았습니다. 이 사실을 안 지배인은 카
네기를 전신기사로 채용하고 얼마 후엔 철도회사
관계자인 토머스 스콧은 그의 열의를 높이 사 철도
회사 전신기사로 뽑아갔어요. 그런데 철도회사 전
신기사로 일할 때 큰일이 일어났습니다. 지배인이
없는 사이에 열차 충돌이 예상되어 열차를 1시간도
넘게 대기시켜야 하는 상황이 벌어진 것입니다. 지
배인이 서명한 공식 열차 운행표가 있어야만 열차
운행을 다시 할 수 있었지만 카네기는 모든 것을 자
신이 책임지기로 하고 직접 열차 운행표를 짜서 사
고를 방지했어요. 그런데 이것은 지배인의 권한을
넘본 것이기 때문에 혼날 것을 예상했는데 스콧은
사고를 치밀하게 잘 막아 주었다고 칭찬하며 카네
기를 비서로 발탁했어요.

 1859년 카네기는 펜실베이니아 철도회사의 서부
지역 총책임자가 되어요. 그는 스콧으로부터 철도
회사 주식을 받으면서 사업에 본격적인 관심을 가

지게 되었어요. 한 달 만에 주식이 크게 올라 뜻밖의 이익을 보게 된 카네기는 이때부터 주식에 흥미를 갖게 되고 사업체를 구상하기 시작해요.

남북 전쟁은 미국인 대다수에게는 불행한 시기였지만 그에게는 오히려 기회였습니다. 주위 사람들이 말리는데도 카네기는 폭락한 철도회사 주식을 대량으로 사들이고 전쟁이 끝난 뒤 주가가 급등해 큰 돈을 벌게 되었어요. 카네기는 전쟁이 끝난 후에는 목재로 된 교량을 철재로 바꿀 것이라고 예상하고 '키스톤 브리지 회사'를 설립하며, 후에 이 회사가 미국 최초의 철재 교량인 오하이오 강 교량을 세우게 되었습니다.

카네기는 제철소, 광산, 원료 수송용 배 및 철도 등과 같은 강철 분야에만 사업을 집중시켰어요. 이른바 문어발 경영 식으로 닥치는 대로 여러 기업을 합병하는 것이 아니라 강철 분야와 관련 있는 사업에만 투자를 집중한 것이 카네기 경영의 특색이었어요. 그렇게 함으로 1890년 미국의 철강 산업 생산량이 처음으로 영국을 능가하게 되었습니다. 이것은 전적으로 카네기의 공이라 할 수 있었습니다.

이렇게 해서 그는 많은 돈을 벌었지만 그것을 좋게 사용하길 원했어요. 그래서 다음과 같은 일화가 있어요.

어느 날 초등학교 교장 선생님이 카네기에게 기부를 요청하러 왔습니다. 마침 카네기는 서재에서 촛불을 켜놓고 책을 읽고 있었는데 방문객이 들어오자 촛불 한 개를 끄면서 손님을 맞았다. 교장선생님은 이 모습을 보고 카네기에게 기부금을 받기가 어려울 것으로 예상했어요. 그러나 카네기는 예상 밖으로 선선히 교사신축 기부금을 내놓았습니다. 교장선생님이 궁금해서 물었어요. "어째서 내가 들어오자 촛불 한 개를 꺼버렸습니까?" 카네기는 이렇게 대답했습니다. "책을 읽을 때는 두 개가 필요하지만 얘기할 때는 촛불 한 개만으로도 충분하지 않습니까?" 그는 이렇게 검소하게 살아서 모은 돈을 다른 사람을 위해서 기부하는 사람이었어요.

"부자인 채로 죽는 것은 정말 부끄러운 일이다."를 평생 좌우명으로 삼아 살아온 카네기는 사업일선에서 은퇴하고 자신의 재산을 나누기시작했어요. 1901년 카네기의 사업과 기업가로서의 경력은 절정에 올라 있었습니다. 하지만 그는 이 회사를 4억

4000만 파운드에 모건계의 제강회사와 합병하여 미국 철강시장의 65 %를 지배하는 US스틸회사를 탄생시켰어요. 그리고 그 매각 대금으로 받은 4억 4천만 파운드로 1901년 1월 4일 카네기재단을 세웠습니다.

또한 1902년 1월 29일 워싱턴 카네기 협회를 설립합니다. 그는 청년 시절 자신에게 도서관 문을 열어 주었던 앤더슨에게 감사하는 마음을 가지고 있었어요. 그러한 마음을 당시로서는 천문학적 액수인 2천5백만 달러의 사재를 털어 영국, 미국, 캐나다 등의 2,500여개에 달하는 도서관을 지어 사회에 헌납함으로써 그에 대한 감사함을 나타내었답니다. 더 나아가 카네기는 자신이 일평생 모은 재산 3억5000만 달러 거의 전부를 사회 환원했어요. 요즘 돈으로 30억 달러에 이르는 거금이었습니다.

카네기는 노동자들을 위해서도 기금을 조성해 연금제도를 마련했어요. 지금도 뉴욕 카네기재단의 기금은 문화 사업, 지식 전파에 쓰이고 있어요. 카네기 기술 연구소는 맬런대학의 일부로 세계평화에 관심이 많아 '국제평화를 위한 카네기 기금'을 조성해 '헤이그 평화 회의'와 같은 평화 활동을 재정적으로 후원하고 있습니다.

　그렇다고 카네기가 자신을 위해 전혀 돈을 쓰지 않았느냐 하면 그건 아니에요. 쉰 살이 넘어서 결혼한 그는 말년의 행복을 위해 스코틀랜드에 거대한 저택을 지었지요. 카네기의 어머니는 그가 결혼하기 직전에 돌아가셨는데 사는 날까지 호화롭고 사치스러운 삶을 살았어요. 그의 아들도 역시 보통 재벌 아들들이 누리는 것을 모두 누리며 살았어요. 사람들이 그것에 대해 비난하면 그는 다음과 같이 답했다고 해요. "놔두게, 내 아버지야 가난했지만 그놈 아버지는 안 그렇잖은가?" 하지만, 카네기 자신은 대단히 검소했고, 유행에 따르지 않았으며, 격식만 차리는 상류 사회의 삶을 싫어했습니다. 그래서 사교계에도 나가지 않았다고 해요. 또한 자신의 사랑하는 딸을 재벌 가문에 시집보내지 않고 평범한 가문 출신이지만 유망한 청년 철도 감독과 결혼시켰습니다.

　젊은 시절 철도 선로에서 일하면서 열심히 일한 덕에 카네기는 부자가 될 수 있었습니다. 하지만, 동시에 평생 그를 쫓아다닌 병인 일사병도 얻었어요. 이런 고통에 시달렸어도 카네기는 1919년 사망하는 날까지 목표를 이룬 성취감을 누리며 마음 따뜻한 자본가로서 자부하고 살았습니다. 이러한 카네기 정신으로부터 비롯된 '미국식 재산 사회 환원' 전통은 록펠러재단(3억5천만달러·1913년), 포드재단(5억달러·1936년) 설립으로 이어져오고 있어요.

한 사회에서 부자가 되었다는 것은 바로 그 사회로부터 많은 것을 얻어갔다는 것을 뜻하는 것입니다. 그렇기 때문에 다시 사회에 부를 되돌려주는 것은 어쩌면 당연하다고 할 수 있어요. 사회에 자신의 부를 환원하는 방법으로 여러 가지가 있습니다. 소극적인 방법으로는 세금을 정직하게 내는 것으로 우리자신이 얻은 부를 환원할 수 있으며 지금 우리 사회에서는 대단하다고 칭찬을 받을 수 있어요. 그런데 세금은 사회가 강제하는 방법들이기 때문에, 그것보다는 자신이 이룬 부를 자발적으로 사람들에게 나누어 주는 자선 행위는 사람들의 마음을 더 따뜻하게 해준답니다.

5장 워렌 버핏

"눈앞의 이익에 만족하지 말고 큰 미래를 위해 도전하라. "
-워렌 버핏-

　여러분들은 워렌 버핏이 누구라고 생각하나요? 오마하의 현인, 투자의 귀재. 이것이 워렌 버핏의 별명이에요.

　그는 1930년 8월 30일 미국 네브래스카 주 오마하에서 태어났어요. 어렸을 때부터 숫자놀이를 좋아했고, 돈의 세계에 관심이 많았습니다. 버핏은 아버지에게 재산을 상속받지 않았기 때문에 학교 다닐 때부터 여러 가지 일을 하였어요. 신문 배달, 핀볼 게임기 사업 등을 통해서 돈을 벌고 저축하였으며, 이렇게 일을 했지만 학교 공부 역시 게을리 하지 않음으로 콜롬비아 대학교 경영대학원까지 졸업하였습니다.

그는 어릴 적부터 모은 돈으로 주식을 시작했는데 버핏이 돈을 잃지 않는 것은 주식을 사면 짧은 기간에 팔지 않고 장기간 지니는 원칙을 지키기 때문이에요. 아직도 1960년대에 산 주식을 가지고 있을 정도로 장기간 투자를 기준을 가지고 '한번 산 주식은 좀처럼 팔지 않는다.' 는 바위 같은 뚝심이 바로 그가 돈을 잃지 않는 최고의 비법이라고 할 수 있습니다.

투자에 관해서는 이런 이야기가 있어요. 죽어서 천국에 간 어떤 석유 시굴자 이야기입니다. 성 베드로가 이렇게 말했어요. '내가 네 기록을 다 살펴보았는데, 너는 천국에 갈 수 있는 모든 자격을 다 갖추었더구나.' 라고요. 그리고 계속해서 이렇게 이야기 했습니다. '그런데 문제가 하나 있다. 여기 천국에서는 석유 시굴자는 무조건 천국으로 보내기로 원칙을 정해놓은 바람에, 너도 저기 대기소를 보면 알겠지만, 발 하나 디딜 틈도 없이 완전히 꽉 차서 네가 들어갈 자리가 도저히 나지 않겠구나.' 라고요. 그러자 석유 시굴자는 '내가 고함 한 마디만 질러도 괜찮겠습니까?' 라고 물었습니다.

성 베드로는 별로 어려운 부탁도 아니어서 그렇게

하라고 했습니다. 그러자 석유 시굴자는 두 손으로 손나팔을 만들어 큰 소리로 외쳤습니다. "지옥에서 석유가 발견되었다!"

그러자 대기실 안에 있던 석유 시굴자들이 번개처럼 바깥으로 튀어나와서 곧바로 지옥으로 달려갔습니다. 성 베드로가 말했습니다. '머리를 제법 잘 쓰는구나. 그럼 이제 대기실에서 편안하게 쉬면서 천국 갈 준비나 하고 있거라.' 그러자 석유 시굴자가 잠시 망설이면서 아무 말을 하지 않더니 이렇게 이야기 했습니다. '잠깐만요. 나도 그 친구들 따라서 지옥으로 가봐야겠습니다. 소문이 그렇게 나고 사람들이 모두 간 거 보면 아무래도 진짜로 뭐가 있지 않겠습니까?' 라고요.

주식에 대해서도 사람들은 이렇게 느끼고 행동합니다. 떠돌아다니는 소문에 진짜로 뭐가 있을 거라고 너무 쉽게 믿어버린다는 것이에요.

이렇게 다른 사람들이 소문에 의해 좌지우지 되어 시세차익을 누린 투자를 할 동안 버핏은 가치투자 방식을 고수하였는데요. 그것은 바로 단기적인 기업의 시세차익을 무시하고 기업의 내재가치와 성장

률에 초점을 두고 그것이 우량기업인지 판단되어지면 주식을 사서 수십년간 보유하는 투자 방식이에요.

그가 운영하는 버크셔 헤서웨이는 코카콜라, 질레트, 워싱턴 포스트 등의 주식을 사서 장기 보유하면서 최대주주로서 경영권을 행사하는 동시에 수익을 내고 있습니다.

그는 그의 투자 철학을 다음과 같이 말했습니다. "돈을 벌기 위한 첫째 원칙은 절대 돈을 잃어서는 안 된다는 것입니다. 둘째 원칙은 이 첫째 원칙을 절대 잊지 말아야 한다는 것입니다." 그래서 그는 연평균 20% 투자 수익률을 목표로 투자를 했는데 45년에 걸쳐 연평균 약 30%에 가까운 기록적인 투자수익률을 올렸어요. 이러한 가치투자로 인해 워렌 버핏은 세계 두 번째의 부자가 되었습니다.

하지만 부자가 되어 돈은 부자처럼 쓰지 않았습니다. 그는 운전사나 경호원을 데리고 다니지 않으며, 2001년식 중고 링컨 타운카를 손수 몰고 다닙니다. 그리고 평소 12달러짜리 이발소에서 머리를 깎고 20달러가 안 되는 스테이크를 즐겨 먹으며,

너는 커서 이런 사장이 되라

1958년에 구입한 3만1000달러(약 2970만원)짜리 집에 살고 있습니다.

또한 그는 과거 자기 아버지가 그랬던 것처럼, 자신의 부를 자녀들에게 다 나눠주지 않았어요. 그는 '많은 돈은 자식을 망친다' 라는 확고한 신념을 갖고 있었어요. 그래서 자신의 재산 대부분을 자선단체에 기부해 버렸습니다. 오히려 그는 3명의 자녀들이 "내 자녀들은 미국의 99%의 아이들에 비해 이미 훨씬 많은 것을 누리고 있다" 라고 말하면서 "그들은 내가 차지하는 위치를 물려받지 않을 것이며 나는 왕조적 부가 만들어져서는 안 된다고 믿는다." 라고 말했어요. 그에 더해 "내 자녀들은 이미 잘 살고 있으며 자신들을 행운아라고 생각하고 있다." 라며 "(내 자녀들은 유산상속에 대해) 아버지가 다른 견해를 가졌다면 더 행복했을 것이라고 생각지 않는다." 고 말했습니다.

그는 '난소 로또' 라는 개념을 주장했는데요. 이 개념은 '책임 있는 부자(Responsible Wealth)' 라는 단체를 통해서 적극적으로 세상에 퍼졌습니다. 그는 다음과 같이 이야기했어요.

"아시다시피 나는 이 세상에 살면서 상당히 괜찮았습니다. 내가 1930년에 미국에서 태어날 확률은 50 대 1 정도로 나한테 불리했습니다. 하지만 나는 어머니의 자궁에서 나와 미국이라는 나라에 태어나면서 로또에 당첨이 된 겁니다. 다른 나라에서 태어났더라면 내가 거둘 수 있었던 성공의 가능성은 훨씬 적었을 겁니다.

어머니의 자궁에 쌍둥이 둘이 있다고 칩시다. 둘 다 명석하고 에너지가 넘칩니다. 이때 어떤 사람이 이 아이들에게 이렇게 말한다고 칩시다. "너희들 가운데 한 명은 미국에게 태어날 것이고, 또 한 명은 방글라데시에서 태어날 것이다. 만일 방글라데시에서 태어난다면, 세금은 한 푼도 내지 않을 것이다. 그렇다면 방글라데시에서 태어나는 아이의 소득은 미국에서 태어난 아이의 소득에 비해서 몇 퍼센트나 될까?" 이 말은, 어떤 사람의 운명은 그 사람이 사는 사회와 관계가 있지 오로지 타고난 특성에 의해서만 결정되는 게 아니라는 사실을 암시하는 것이에요. '내 힘으로 모든 걸 다 이루었어.' 라고 말하는 사람들조차도 미국에서 태어났기 때문에 방글라데시에서보다 평생 더 많은 소득을 벌어들인다고 말할 겁니다."

너는 커서 이런 사장이 되라

따라서 난소 로또는 정치와 자선 사업에 대한 그의 모든 의견을 결정하는 토대였다고 말할 수 있어요. 그가 생각한 이상적인 사회는 승자가 승리를 얻으려고 자유롭게 겨루고 또한 패자에게 도움을 줌으로써 승자와 패자 사이의 격차가 줄어드는 사회였다는 것을 알 수 있어요.

그러므로 그는 자신의 재산 대부분을 자선재단에 기부하기로 했어요. 그런데 자신의 이름을 딴 재단을 만드는 것이 아니라 이미 성공적으로 운영되고 있는 다른 자선 재단에 조건 없이 기부하기로 했습니다. 자기 재산의 85%에 해당하는 370억 달러를 '빌 앤 멜린다 게이츠 재단' 등 자선 재단에 기부하기로 하고, 기부약정서에 서명했습니다.

그가 기부한 '빌 앤 멜린다 게이츠 재단' 은 빌 게이츠 부부의 이름을 딴 재단으로, 이미 291억 달러의 자산을 가진 미국 내 최대 자선재단이에요. 버핏의 기부금 300억 달러가 더해지면서 이 재단은 자산규모 600억 달러에 이르는 초거대 재단이 되었어요. 게이츠 재단에서는 주로 말라리아, 결핵 퇴치, 에이즈 등 저개발국에서 발생하는 질병들을 퇴치하는 데 많은 노력을 쏟아왔습니다.

너는 커서 이런 사장이 되라

한 신문에서는 이러한 기부에 대해 "버핏과 빌 게이츠는 1991년부터 친한 친구 사이로, 빌 게이츠는 재산의 사회 환원이란 영감을 버핏으로부터 받았다고 말한다." 라고 보도했어요.

더 나아가 버핏은 자신의 재산 대부분을 기부하는 것에 더하여 일부 부유층들이 주장하는 '상속세 폐지' 를 강하게 비판했는데요. 상속세 폐지는 자신의 재산을 자녀들에게 상속할 때 내는 세금을 없애자는 주장인데, 그것은 부자들만이 가장 큰 혜택을 볼 수 있는 일이에요. 따라서 그가 앞장서서 "상속세 폐지야말로 혐오스러운 일" 이라고 외치는 것은 이 부자들이 수십억 달러에 이르는 자신의 전 재산을 내놓는 것 보다 더 크게 사회에 기여하는 것이라고 말할 수 있습니다.

그는 예전 조지 부시 미 대통령이 '상속세 폐지'를 계속 추진하는 것에 대해서 강하게 비난을 했어요. 또한 빌 게이츠 마이크로소프트사 회장 부부가 참석한 뉴욕 공립도서관에서 열린 기부 약정식과 이어진 공동 기자회견에서 그는 상속세 폐지 시도를 혐오스런 행위라고 말하며 미국이 상속세를 현행대로 유지할 것을 주장했습니다. 버핏은 "상속세는 매우 공정한 세금이며 기회 균등의 이상을 유지하고 부유층에게 특혜를 주지 않기 위해서도 상속세는 필요하다" 고 했습니다.

　그는 물려받은 유산으로 성공하는 것보다 자신이 일한 성과에 의해 성공할 수 있는 사회를 만들어야 한다고 주장해왔어요. 그래서 상속세를 철폐하려는 전 부시대통령의 시도에 대해 "이는 2000년 올림픽 금메달리스트의 자녀들로 2020년 올림픽 팀을 뽑는 것처럼 어처구니없는 일" 이라고 비판했습니다.

나에게 도움이 되는 memo

6장 빌 게이츠

모두 빌 게이츠라고 하면 누군지 다들 알거에요. 바로 여러분들이 많이 쓰는 컴퓨터의 소프트 프로그램 즉 윈도우를 만든 사람이에요. 그의 본명은 윌리엄 헨리 게이츠 3세입니다. 그는 레이크 사이드 학교에서 만난 폴 앨런과 함께 세계적인 기업 마이크로소프트사를 설립하였습니다.

그는 미국 워싱턴 주 시애틀에서 태어났어요. 아버지 게이츠는 아들에게 독서습관을 길러주기 위해서 평일에는 텔레비전을 보지 못하게 하고 도서관에 자주 데리고 다녔어요. 또한 가족끼리 큰 소리로 책을 읽어주기도 했고, 모르는 단어가 있으면 식사 중에도 바로 서재로 가서 사전을 찾아서 알려주었습니다. 이렇게 그는 부모와 함께 자주 독서토론

너는 커서 이런 사장이 되라

을 하면서 논리력과 사고력을 기를 수 있었어요. 나중에 그는 책을 닥치는 대로 읽으며, 백과사전도 처음부터 끝까지 다 읽는 책벌레가 되었어요. 그가 말하길 "어릴 적 나에게는 정말 많은 꿈이 있었고, 그 꿈의 대부분은 많은 책을 읽을 기회가 많았기에 가능했다고 생각 한다." 라고 했습니다.

그러나 게이츠는 11살 때부터 자신을 통제하려는 엄마에 맞서 싸우기 시작하면서 가정의 골칫거리가 됐습니다. 방 정리나 저녁 식사시간 지키기, 연필 깨물지 말라는 요구는 말다툼으로 번지곤 했어요. 그의 여동생은 "오빠가 성질이 못됐었다."고 말했어요.

어느 날은 그가 어머니에게 대들자, 아버지가 그에게 찬물을 끼얹는 일이 발생했어요. 그래서 사태의 심각성을 느낀 그의 부모는 결국 아들을 상담사에게 데려갔습니다. 그는 상담사에게 "자신을 통제하려는 부모와 전쟁 중이에요" 라고 말했습니다. 상담사는 부모님이 게이츠를 사랑하기 때문에 결국은 그가 이길 것이라고 말했다고 해요. 그에 더해 부모님을 상대로 이기기 위해 싸움을 하는 것은 어리석은 일이라고 조언했어요. 그래서 게이츠는 부모님과의 싸움이 아닌 다른 분야에 관심을 돌리기 시작했습니다. 또한 상담사는 부모님에게 너무 아들을 통제하지 말고 그냥 놔두는 것이 게이츠에게는 최선이라고 조언했어요. 그래서 그의 부모는 이를 받아들여 보다 자유로운 사립학교인 레이크 사이드 학교에 아들을 등록시켰고, 게이츠는 13세 때부터 자유를 누릴 수 있었습니다. 부모는 그 이후 아들이 무슨 일을 할 때면, 든든한 조력자가 되어 주셨습니다.

그는 레이크 사이드 학교에서 컴퓨터를 접하게 되면서 컴퓨터 프로그램을 만드는 것을 좋아하기 시작했어요. 그래서 하버드대에 입학한 후에도 컴퓨터 프로그램 개발에 열중했으며, 이후 그가 하버드대를 중퇴하고 MS를 설립하기 위해 뉴멕시코 주로 옮겨갈 때 부모님께서 그의 결정을 받아들여 주었습니다. 그러나 나중에 그의 아버지가 말하길 "모든 평범한 부모들과 마찬가지로 빌 게이츠가 학위를 따기 원했다." 고 한 것을 볼 때, 그것이 어려운 결정이었음을 알 수 있어요.

이와 같은 가족의 전폭적인 지원 덕분에 게이츠는 MS 본사를 부모가 있는 시애틀로 옮겼습니다. 어

머니는 게이츠의 집안일을, 아버지는 변호사 경력을 바탕으로 MS 이사회에서 일할 사람을 물색하기도 했어요. 아버지는 "아버지로서 내 집에서 내 음식을 먹고 내 이름을 사용하면서 자라난, 대들기 좋아하던 어린 아이가 장래에 나를 고용하는 사람이 되리라고는 상상도 하지 않았다" 고 말했습니다.

그는 1970년대 중반에 폴 앨런과 함께 앨테어 8800에서 동작하는 앨테어 베이직(Altair Basic) 인터프리터를 만들었어요. 앨테어(Altair)는 개인용 컴퓨터로서, 상업적 성공을 거둔 최초의 컴퓨터라고 평가되어요. 다음의 일화에서 그가 얼마나 열심히 일하였는지 알 수 있습니다.

1977년 어느 날, 앨버커키 공항으로 가는 도로에서 포드 머스탱 차가 날쌔게 지나갔습니다. 차 주인은 자기 차 뒤로 멀어져가는 차들을 보며 콧노래를 불렀어요. 고속도로를 달리는 오렌지 색 차는 사람들의 눈을 사로잡고는 이내 시야에서 사라졌어요. 차 주인은 다름 아닌 빌게이츠였습니다. 그때와 지금이 다른 게 하나 있다면 그 당시에는 그의 회사가 지금처럼 유명한 회사가 아니었다는 것 이었습니다. 한 회사의 이사장이자 비즈니스, 재무, 영업에

너는 커서 이런 사장이 되라

인사까지 골치 아픈 업무들을 도맡아 하던 그는 일반 프로그래머처럼 직접 소프트웨어 프로그램도 설계하고 있었어요.

그렇게 과속운전을 하던 빌게이츠 앞을 경찰차가 가로막았습니다. "속도위반입니다. 뉴멕시코 주 법규에 따라 200달러의 벌금을 납부하셔야 합니다." 그는 과속을 하지 않을 수 없는 상황이었어요. 비행기 이륙시간까지 30분밖에 남지 않았기 때문이에요. 비행기를 놓치면 다 만들어 놓은 프로그램을 제시간에 납품할 수 없게 되고, 이는 곧 마이크로소프트의 위약을 의미하기 때문이었습니다. 그래서 빌은 속도위반을 할 수밖에 없었어요. 일이 처리되고 빌게이츠는 얼마가지 않아 또 다른 경찰차를 마주했어요. "죄송합니다. 속도위반입니다. 뉴멕시코 주 법규에 따라 200달러의 벌금을 납부하셔야 합니다."

이제 시간은 15분밖에 남지 않았습니다. 게이츠는 다시 엑셀을 밟았어요. 결국 간신히 비행기에 오를 수 있었습니다. 한번 더 과속 딱지를 받기는 했지만 말이에요.

게이츠가 좀 더 일찍 나올 수는 없었을까요? 불가능했습니다. 차에 오르기 5분 전까지 그는 프로그램을 수정하고 있었기 때문이에요. 그렇다면 좀 더 시간의 여유를 가지고 프로그램을 만들 수 없었을까? 그것 역시 불가능했어요. 일반적으로 프로그램을 만드는데 8주가 걸리지만, 의뢰한 회사는 4주의 시간밖에 주지 않았기 때문이에요. 불가능한 계약을 처음부터 맺지 않는 것은? 그것도 불가능했습니다. 왜냐하면 마이크로소프트의 CEO는, 열정으로 가득 찬 빌 게이츠이기 때문이에요.

CEO의 이러한 열정적인 성향 때문에, 항상 그 회사는 불가능해 보이는 주문을 받았습니다. 마이크로소프트의 직원 역시 일에 대한 열정으로, 다른 회사는 두 배의 시간이 거릴 일을 4주 만에 해낼 수 있었구요. 이런 열정 때문에 게이츠는 하루 동안 다른 장소에서 같은 이유로 세장의 딱지를 뗄 수밖에 없었던 것이에요.

이러한 일화에서 볼 수 있듯이 빌 게이츠는 모든 일에서 열정적으로 일했기 때문에 시간을 절약할 수 있었습니다. 그렇기 때문에 많은 나이가 아니지만 20년 동안 자신의 분야에서 정상의 자리에 있을

너는 커서 이런 사장이 되라

수 있었고, 세계 최고의 갑부가 될 수 있었습니다.

또한 다트머스 대학교에서 학습용으로 개발된 배우기 쉬운 컴퓨터 프로그래밍 언어 베이식에서 영감을 얻어, 폴 앨런과 함께 새로운 베이식(BASIC) 버전을 개발하여 MS-DOS의 핵심적 프로그램 언어로 채택했어요. 1990년 초 이후 집집마다 컴퓨터 1대씩은 가지고 있게 되면서 개인용 컴퓨터의 발전과 분포가 늘어났어요. 따라서 대부분의 컴퓨터에서 MS-DOS를 사용하게 되면서 MS-DOS의 지위가 공고히 됨으로써 마이크로소프트는 컴퓨터 시장의 주도권을 획득하게 되었습니다.

그는 이렇게 해서 많은 돈을 벌었어요. 이렇게 번 돈으로 그는 많은 사회사업을 하고 있습니다. 부모님께서 가르쳐 주신 남을 베푸는 정신을 나타내는 것입니다. 그의 아버지는 YMCA 위원회에 합류하면서 봉사활동을 시작했습니다. 그는 공립학교의 예산 확충 캠페인을 벌였고, 부시 대통령이 상속세 폐지를 주도하자 이를 반대하는 시민단체 대변인을 맡았어요. 그의 어머니 역시 모금단체인 유나이티드웨이 자원봉사자로 부모 중 한사람이 없는 '한 부모 가정'을 돕는 활동을 했어요.

너는 커서 이런 사장이 되라

처음에는 그가 회사 운영에 빠져 있었기 때문에 어머니를 비롯해서 여러 군데에서 자선사업 요청이 와도 60세 이후에나 고려해 보겠다고 했었습니다. 하지만 어머니는 1994년 아들의 결혼식 전날 며느리 멜린다에게 "너희 두 사람이 이웃에 대해 특별한 책임감을 느낀다면 세상을 좀 더 살기 좋게 바꿀 수 있을 것이다." 라는 편지를 주었어요. 이후 어머니가 사망하면서 아버지의 제안을 받아들여 2000년 아내 멜린다 게이츠와 세계 최대의 자선단체인 '빌 앤 멜린다 게이츠 재단'을 세우고 30조원이 넘는 금액을 이 재단에 기부했어요. 이 재단에서는 기부된 자금으로 에이즈 퇴치, 백신 보급 등 세계의 공중위생을 바꾸는데 큰 도움을 주고 있습니다.

　2007년 그는 하버드 명예졸업장을 받으며 2008년에는 스위스 다보스 세계경제포럼 기조연설에서 기업에게 복지의 의무를 주장하는 창조적 자본주의를 주창하기도 했어요. 지금은 자신이 창업한 마이크로소프트사를 떠나 기부활동에 전념하고 있습니다. 그는 워렌 버핏과 함께 재산의 절반을 기부하자는 '재산기부 서약운동(Giving Pledge)' 캠페인을 벌이며, 미국 사회 전체에 기부 문화가 퍼지도록 뜻을 모으고 있어요. 또한 일반인들에게도 기

부 문화를 생활화할 수 있도록 도와주는 웹사이트
(givingpledge.org)도 만들었습니다.

나에게 도움이되는 memo

7장 유일한

유일한은 1895년, 청일전쟁으로 인해 강계로 피난을 가는 도중에 태어났어요. 그는 아버지 덕분에 아홉 살에 미국으로 유학을 가게 되었습니다. 그의 아버지 유기연은 수완 좋은 사업가로 세계적 미싱사의 평양 지점을 운영하였으며, 빨리 개화된 문물을 습득해야만 나라고 사람이고 살 수 있다는 확신을 가진 사람이었어요. 그래서 1904년, 유일한이 아홉 살이 된 무렵 외교관의 순방 행렬을 따라 미국 유학을 보내었습니다.

미국에 건너간 유일한은 네브래스카주에서 초중고시절을 보냈습니다. 고등학교를 마친 그는 미시간대 상과계열에 입학하였고, 한국인 자유대회에서 '한국국민의 목적과 열망결의문' 을 작성하여 발표

하였는데 평생 그 결의문대로 실천하는 삶을 살았습니다.

그의 원래이름은 유일형이었어요. 그러나 중학교 시절 학비를 위해 신문 배달을 하던 일형은 보급소장이 '형'자가 발음하기 어려워 자기 맘대로 '일한'으로 표기한 것을 보게 됩니다. 그때 그는 그 이름에서 한(韓)자를 떠올렸고 '한' 자가 들어간 이름도 의미가 있겠다 싶어 아버지와 상의했어요. 그래서 그의 아버지는 다음과 같이 답장을 보내왔답니다. "바꿔라. 네 동생들도 돌림자를 한으로 하겠다." 그리하여 그의 이름은 유일형에서 유일한으로 바꾸게 되었습니다.

그렇게 새로운 이름을 얻은 그는 대학을 졸업하고 세계적 전기회사인 제너럴 일렉트릭(General Electric)에 동양인 최초 회계사로 취직했고 열심히 일한 덕분에 1년 뒤 동양현지 총책임자를 맡아달라는 제의를 받았어요. 하지만 그는 직장생활로 모은 돈으로 1922년 디트로이트에서 사업을 시작하였습니다. 그가 하게 된 사업은 중국인들이 즐겨 먹는 숙주나물 통조림이었어요. 아직 보관 기술이 발달하지 않았던 시절, 잘 변하고 쉬어버린다고 배

신자 신숙주 나물이라고 불리웠다는 전설이 있을 정도로 숙주나물의 신선한 유통은 매우 어려운 일이었어요. 유일한은 연구 끝에 숙주나물 통조림을 고안해냈고 친구와 함께 라초이라는 식품 회사를 차렸습니다.

그는 제품 홍보를 위해 일종의 파격적인 노이즈 마케팅을 하였어요. 그것은 바로 그가 숙주나물을 가득 실은 트럭을 몰고 시내 가게의 쇼윈도로 돌진하는 것이었습니다. 일대 소란이 빚어지고 기사가 크게 떴어요. "숙주나물 가득 실은 라초이 회사 트럭 쇼윈도로 뛰어들다." 이렇게 해서 자동적으로 숙주나물이 광고 되었습니다.

유일한은 거래선 확보를 위해 중국으로 갔다가 20년 만에 귀국했는데, 그때 그의 눈에 들어온 것은 조선인들의 참상이었어요. 그때 당시 북간도에 거주하고 있던 주민들 대다수는 가난과 질병에 시달렸을 뿐 아니라, 굶주림으로 죽고 있었어요. 그래서 이를 해결하기 위해서 그는 동포들을 위해 뭔가를 하겠다고 일생일대의 결단을 내렸습니다. 그것은 바로 미국 사업을 정리하고 고국에 들어오기로 결정한 것이었어요.

너는 커서 이런 사장이 되라

초기 유한양행 사옥

먼저 그는 미국에서 조선 진출을 염두에 두고 유한 주식회사를 설립했습니다. 그때 독립운동가인 서재필이 당시 재미교포의 지도자 였는데, 그가 지금까지 유한양행의 상징이 되고 있는 버드나무 상표를 제안했습니다. 이후 조선으로 돌아온 유일한은 1926년 '유한양행'을 설립, 동포들을 상대로 한 기업을 세우게 되었습니다.

유한양행에서는 동포들의 절실한 필요를 채운다는 뜻을 가지고 결핵약, 진통소염제(안티푸라민), 혈청 등을 만들어 판매하기 시작했어요. 특히 유한양행은 1933년에 그간 미국으로부터의 수입에 의존하였던 안티푸라민이 회사의 첫 번째 개발 제품이 되었어요. 소아과 의사인 미국인 부인 호미리 여사도 중일전쟁으로 조선에서 의약품이 극도로 부족해지자, 직접 소아과 병원을 개업하여 경제적으로 어려운 환자들을 돌보았습니다.

그는 평생을 신용과 정직을 신조로 살았던 리더였습니다. 신의와 정직에 대한 그의 핵심가치는 그가 밝힌 다음의 기업이념에서 그대로 나타납니다. "정성껏 좋은 제품을 만들어 국가와 동포에게 봉사하고 정직, 성실하고 양심적인 인재를 양성, 배출한다. 기업이익은 첫째 회사를 키워 일자리를 만들고, 둘째 정직하게 납세하며, 셋째 남는 것은 기업을 키워준 사회에 환원한다."

이러한 그의 경영 방침을 말해 주는 일화가 있는데요. 한 직원이 시장 조사를 하고 와서 "사장님. 마약중독자들이 증가하고 있어서 모르핀, 헤로인 제제가 불티나게 팔리고 있습니다. 우리도 그런 걸 만들어 팔면……"이라고 속삭였다. 그러자 유일한은 노발대발 그를 내쫓아 버렸습니다."내가 자네 머릿속에 넣어 준 게 고작 그런 것이나 생각하라는 거였나? 이런 고얀!"

이렇게 마약성 진통 성분을 강화한 약들이 무더기로 쏟아져 나올 때에도 유한양행은 그렇게 하기를 거부했어요. 오히려 이윤은 남지 않지만 꼭 필요한 분야에 투자를 했고 그렇게 함으로 '버들표'에 대한 국민의 신뢰는 점점 더 굳어갔어요.

30년대에 유한양행은 보관료가 비싸서 다른 회사들은 엄두를 내지 못하던 긴급약품들, 맹장염 혈청과 뇌척수막염 혈청 보관 시설을 갖추고 있었고, 각처의 병원들에게 제공할 시스템을 갖추고 있었습니다.

  50년대에는 그가 미국으로 간 뒤 전쟁이 터져 돌아오지 못하게 되었을 때 또 하나의 다른 종류의 일에 개입하게 되었어요. 그것은 바로 OSS가 조직한 조선 국내 진공 특공 작전 '냅코'에 참여했던 것이에요. 이 사실은 그가 죽은 지 40여년 만에 밝혀졌는데요. 이러한 것을 볼 때 그는 단순한 사업가가 아닌 나라와 동포를 진심으로 사랑하는 사람이며 그래서 그들의 이익을 위해서 일했던 사람임을 알 수 있습니다.

  그가 추구한 진실경영은 여러 가지 구체적인 일화로 알려지게 되었는데요. 이러한 일화가 있습니다. 1962년 회사를 상장할 때 있었던 일이에요. 일부 간부들이 "회사의 실제자산이 총 액면가보다 5~7배나 많으니 공개 전에 무상증자를 실시하자"며 소위 '물타기 증자'를 주장했습니다. 당시 액면가가 100원이었기 때문에 6배 정도의 증자를 해도 무방했어요. 그러나 유일한은 "증자를 하면 투자자들이 손해를 본다"고 반대하며 액면가 그대로 상장하게 했습니다. 그런데 이 과정에서 문제가 발생했어요. 주식이 상장되기도 전에 주간사인 증권회

너는 커서 이런 사장이 되라

사 직원들이 모두 사들였던 것이에요. 그러자 유일한 박사는 이를 바로잡기 위해 주식 전량을 회수하고 다시 상장하는 일를 감행했습니다.

또한 그의 진실경영은 세무관계에서도 여지없이 드러나 1963년 전국 유일의 우량납세기업체 표창을 받았고 그 뒤에도 많은 상을 수상했습니다. 특히 1968년에는 정부의 세무시찰을 받은 뒤 국세청으로부터 '국세청선정 모범납세업체'라고 쓴 현판을 받기도 했습니다. 그는 "털어서 먼지 안 나는 사람이 없다"는 옛말을 뒤집은 사람이 었습니다.

유일한은 기업가로보다 교육자로 불리기를 원했어요. 6.25 이후 국가 재건을 위해서는 교육을 통한 인재양성이 급선무라고 판단했고 재단법인 유한학원을 세워 한국고등기술학교 (유한공고)의 첫 신입생을 받게 되었어요. 돈을 버는 대로 교육 사업에 쏟아 붓는 그를 만류하는 이들에게 유일한은 이렇게 답했답니다.
"교육이란 건 제 때 투자해야 되거든. 아무리 어렵더라도 이 나라의 청소년들에게 (교육에서 소외되는) 희생을 강요해선 안 돼."

　　　　　　　　　　　너는 커서 이런 사장이 되라

그는 정치자금을 바치지 않아 이승만(이승만과는 미국에서부터 사이가 좋지 않았다.)과 박정희 정권 내내 세무사찰을 받았어요. 하지만 세무서 관리들까지 감탄할 정도로 깨끗하게 기업을 운영했으며, 회사에서 사택을 지어주자 자신의 주식 배당금으로 그 대금을 지불했습니다. 그에 더해 유한양행에서 나온 약조차 자비로 사먹었습니다. 또한 기업 운영도 일단 자식을 불러들여 맡겨도 봤지만 그 철학이 자신과 맞지 않자 주저 없이 전문 경영인에게 자신의 회사를 넘겼어요.

1971년 3월 유일한 박사는 다음과 같은 유언장을 남기고 세상을 떠났습니다. "내 아들은 대학까지 공부시켰으니 자립해서 살아가거라 내 딸은 유한 중 고등학교 주위의 땅을 줄 테니 그 곳은 울타리를 절대 치지 말고 잘 가꾸어 학생들이 마음대로 드나들며 쉴 수 있는 동산을 만들어라. 그 밖에 내가 가진 모든 재산은 복지 사업과 교육사업 등 사회를 위해 쓰기 바란다."

이렇게 그는 거의 모든 재산을 다 기증하고 별세 당시에는 낡은 구두와 아끼던 몇 가지 양복이 그의 재산의 전부였다고 합니다. 더욱이 이러한 그의 행동은 "기업에서 얻은 이익은 그 기업을 키워 준 사회에 환원하여야 한다." 는 그의 신념과 말을 지킨 것이에요. 그렇게 함으로 그 당시 사회적 통념으로는 쉽게 이해할 수 없는 많은 일들을 도덕적 엘리트로서 수행하였어요. 또한 '부자의 길'이라고도 할 수 있는 '노블리스 오블리제' 를 가장 모범적으로 실천한 인물로 꼽을 수 있습니다. 유언장에 자신의 소유주식 전부를 사회에 환원하는 것을 분명히 밝힌 유일한은 한국 사회에서 기업 사회공헌의 선구자였다고 할 수 있습니다.

그의 아름다운 뜻을 가슴깊이 간직했던 유일한 박사의 딸도 지난 1991년 세상을 떠나면서, 그때까지 힘들여 모아두었던 전 재산을 사회를 위해 쓰도록 기증했다고 합니다.

너는 커서 이런 사장이 되라

나에게 도움이되는 memo

진정한 사장의 덕목이란 무엇인가

－경제기사도

　캠브리지대학에서 수학할 때 마샬 경제학도서관에서 밤늦도록 공부를 했다. 마샬은 영국 캠브리지 경제학파를 세운 태두로서 그는 자본주의를 아래와 같이 정의했다.

　그는 경제학자의 사명은 마지막 거지(빈곤자)가 이 세상에 남아 있을 때까지 있다고 했다. 경제학은 자기 혼자 벌어서 잘 살기 위한 것이 아니라 국민 모두가 잘 살 수 있는 국민소득을 증대하는 이론을 개발하는 학문이라고 했다.

　서두에서 말했듯이 경제정책을 수립하는 데는 두 가지 경제체제 즉, 자본주의와 사회주의가 있다. 자본주의경제는 항상 사회주의로 전향하려는 유혹을 받는데 이것을 방어해주는 것이 기업인이다. 즉 기업이 일자리를 창출하고 세금을 내어 국가재정을 돕고 사회 환원을 통해서 일곱 가지 이상 사회에 공헌을 하는 경제기사도라고 할 수 있다.

이렇게 일자리를 창출하고 국가의 재원과 세원을 개발하는 것이야말로 진정한 애국자고 경제기사도가 아니겠는가? 따라서 우리는 나라를 부강하게 만들려면 기업사회를 좀 더 발전시켜야 한다. 그렇게 하기 위해서 미래 사회의 주인공이 될 어린이들에게 어려서부터 비즈니스 마인드를 심어주기 위해서 본서를 출간하게 되었다.

박은태